Dagmar Fischer
Lyreley

W0179013

Dagmar Fischer

LYRELEY

Poesie aus einem Vierteljahrhundert

Gedruckt mit freundlicher Unterstützung

ISBN 978-3-902975-29-4

Inhalt

1. SCHAUEN

Innen-, Um- und Ausschau

Vor- und Rückschau

Wegschauen und Show

2. LIEBEN

Um- und Abwege

Angekommen

Abschied

Sein

Biografie

1.
SCHAUEN

Innen-, Um- und Ausschau

Spezieller Fall

In Ichspalten
gefallen

Ausapern kann dauern

Kreise um die Frage

1.
Kreise um die Frage
sinniere um den Sinn
frage nach den Kreisen
wer ist's die ich bin

2.
Sinniere um die Kreise
frage nach dem Sinn
kreise um die Kreise
wer fragt wer ich bin

3.
Sinniere um die Frage
kreise um den Sinn
frage nach der Frage
die ist wer ich bin

Fallender Himmel

Fallender Himmel
Meer das ertrinkt
Wie kann ich fliehen
wo die Seerose winkt

Wo Äste des Dornbuschs
entzweien den Weg
wo Worte versanden
und du siehst den Steg

Wie kann ich grenzen
an die fruchtbare Zeit
wenn vergangene Stunden
noch nicht befreit

Und wie kann ich ufern
zum Leid das geteilt
wo Blumen verwelken
bevor sie geheilt

Fallender Himmel
Meer das ertrinkt
Was kann ich halten
wenn hier alles versinkt

Es brennt

Es brennt in meinem Kopf
Gedanken rinnen wie Spiritus
Es brennt in meinem Kopf
Ich bin so wach
in meiner Nacht
Und noch ein Scheit
Und noch ein Scheit
Es brennt in meinem Kopf
Die Augen sind zu
der Wind ist stark
Ideen krachen wie Holz
So wach doch auf
und deck mich zu
Es brennt in meinem Kopf
Sag siehst du's nicht
so tu doch was
Es brennt die ganze Nacht

Mirtos, Kreta

Du knirschst
mit deinen Kieselzähnen

wirfst dich
todesmutig
gegen die Kaimauer

brichst
in dir selbst
zusammen
und hältst
die weiße Fahne hoch

in unsre Richtung

wieder
und immer wieder

die weiße Fahne

Kreta, Samariaschlucht

Gefaltetes Land
ich betrete deine Narben voll Ehrfurcht
begehe sie olivenumhaint
und Schritt für Schritt kommt sie näher
deine große salzige Träne
in Blau

Entbunden

Dem Geflecht aus abgenutztem Wort entronnen
durch aller Herren Frauen Kinder Länder zieh ich Bahnen
In Sand und Meer im Wald und auf Asphalt
lass ich die Füße Kreise lecken
beäugen Regenbögen meinen Weg aus altem Stein
Die Pflicht ruft nicht sie ist begraben
und ihr Wort fällt nicht mehr ein
Verlass ich dich
so hab ich deinen Namen längst vergessen
Entbunden geh ich in der Menge unter
Wo die Geschichten sind noch nicht erzählt
bin ich befreit

Ungelöscht

Ungelöscht liegst du vorm Hafen
keiner weiß wohin es geht
Auch die Steine die dich trafen
kamen alle viel zu spät
Bist gestrandet wer stellt Weichen
ist jetzt Ebbe oder Flut
Keiner kann dich mehr erreichen
keiner weiß von deiner Glut
Und das Meer es spricht so leise
deinen Namen in den Wind
Nur ich seh dich deine Reise
bist ein ungeliebtes Kind
Ohne Ufer hier zu stranden
bist bereit zum Sterben du
Vielleicht kann ich mit dir landen
vielleicht find ich meine Ruh

Nach innen gehen

Also gut
in mich gehen
nach innen gehen

Ich stülpe mich
in mich hinein

immer weiter
bis ich husten und niesen muss
und einen Erstickungsanfall bekomme

Schließlich rülpse ich mich wieder heraus

Da liegt nun
ein Haufen am Boden

er schnappt gierig nach Luft

Ob es sich dabei
um mich handelt
kann ich noch nicht
mit absoluter Sicherheit sagen

:-) , :-(

Unsere Smiley-durchsetzte
zersetzte
versetzte
Sprache

setzt sich durch
zersetzt alles
versetzt mich
ins Außen

Smiley-Ergebene
sehen
keine andere Ebene

Smiley-Ergebene
sprechen
keine andere Ebene

Unsere Smiley-durchtränkte
versenkte
beschränkte
Sprache

lacht
weint
zwinkert
küsst
winkt
vorgegeben

vorgesetztes Erleben

Wo aber bleibt
wo ist
das Schweben?

Das Eintauchen ins Leben?

Das sich der Sprache Hingeben?
Das zu den echten Worten Streben?

Sag du es mir
so sag es

Wo ist
wo bleibt
das Sein im Leben?

Leben

§ 1. (1) Wer mit dem Vorsatz zu leben sein Leben begeht
oder andere zum Leben verleitet,
ist mit lebenslänglicher Freiheitsstrafe zu bestrafen.

(2) Auch der Versuch ist strafbar.

Modernes Neuroleptika-Märchen

Es spielt in den Tiefen der Baumgartner Höhe

Der Zettel zittert in der Hand
die Augen sind starr
aber Gebrauchsanweisungen könnten ihr auch sonst
nichts sagen
Früher hatte sie gerne vorgelesen bekommen
Es war einmal
Eine weitere unerwünschte Nebenwirkung wäre
die Information des Arztes herinnen
oder des Apothekers draußen
Denn wenn sie nicht gestorben sind
dann töten sie noch heute
Sie sagt zum Abschied leise *Scheiße*

Und die Moral von der Geschicht'?
Wohnt auf der Psychiatrie
und reimt sich sehr

Die Freiheit die wir meinen

Du sollst leben
Du sollst leben und konsumieren
Du sollst möglichst lange leben und möglichst viel
konsumieren
Wir lassen dich nicht sterben
Du sollst nur sterben wenn du nicht mehr konsumieren
kannst
Wenn du nicht mehr konsumieren kannst sollst du
möglichst bald sterben
Damit du möglichst bald stirbst sollst du den Freitod
wählen
Das ist deine Freiheit die wir meinen

Die Vögel

Vögel zwitschern
sie denken nicht an Animalkapital

Manche zwitschern nicht
in ihren Bäuchen war Plastik letal

Vatermord auf Wienerisch

Euer Papa
Euer Opa
Papa Euro
Europapa
Papa Europa
Europa baba

Ihr gewidmet

Viele reden von ihr
kaum einer kennt sie wirklich
die meisten Menschen haben Angst vor ihr
die wenigsten gestehen sich das ein

Sie ist nicht zu halten
auch nicht mit schönen Worten
Sicherheit lehnt sie ab
sie verlangt Mut und Risikobereitschaft
sie geht aufs Ganze

Kein Einsatz ist zu hoch für sie
doch ist sie unbezahlbar

Jedes Dogma ist ihr Feind
als Anarchistin duldet sie keine Herrschaft

Sie geht Hand in Hand mit der Liebe
und wo sie das nicht tut
ist sie es nicht
auch wenn der Kampf in ihrem Namen geführt wird

Sie ist *die* Chance für jede und jeden von uns
Mensch zu werden

Wir haben sie schon oft missbraucht
gefoltert und verjagt
wir haben sie schon oft getötet
doch sie ist nicht umzubringen

Die Freiheit ist es
von der
und für die ich spreche
für die ich lebe
und daher auch kämpfen möchte

Waffenungleichheit

Wir können sie nicht
mit ihren Waffen schlagen
ohne zu werden
wie sie
Aber wir müssen sie schlagen
um sein zu können
wie wir

Träume

Die einen hackeln in der Fabrik
und träumen vom Swimmingpool

Die anderen liegen am Swimmingpool
und haben das Träumen verlernt

Die ganz anderen wollen nicht nur von ganz anderem
träumen

Gang aus der Wüste

Die Schwere der Meere
hat Ausgang
eine sandige Lehre

Ich kehre
die Sandkörner
in meine Schuhe

und gehe davon

Konsequent

Wie sie vor Langeweile
in sich hineinkrepieren
und das gar nicht bemerken
Und die anderen?

Wie sie alles
aus sich wegspüren
und gar nichts mehr kapieren
Und die anderen?

Wie sie dabei genau zielen
und das gar nicht bemerken
Und die anderen?

Ich sagte es gerade:
Die meisten getroffen
Und die Restlichen?

Erlachen sich den Tod

Die Feministin

Ja, ich bin Feministin
sagt mein Mund
Welch Selbstbezichtigung
antworten seine Augen
Dabei wärst du doch gar nicht so hässlich
Seine Ohren wollen die Todsünde
erst gar nicht eindringen lassen
Seine Mundfalte spricht
vom Versagen seiner Ohren
und von Mitleid, Verachtung und Ekel
vor einer sexuell Frustrierten
Meine Ohren haben Feierabend
denn seine Lippen sind vor Grauen
aneinandergepresst
Meine Augen fahren fort
Typen wie du sind ein Grund dafür
Und mein Mund wiederholt genüsslich
F-e-m-i-n-i-s-t-i-n
Da wird es ihm zu viel
Er packt Mund, Augen und Ohren ein
und stürzt Hals über Kopf davon

Der ohne Meidlinger L

Ausgesucht essen
den besten Wein trinken
und dann doch gegen die Hausmauer pinken

Abwechslung

Arbeiten und kaufen
kaufen und arbeiten
arbeiten und kaufen
kaufen und arbeiten
arbeiten und kaufen
kaufen und arbeiten
arbeiten und kaufen
kaufen und arbeiten
arbeiten und kaufen
kaufen und arbeiten
Dazwischen Workshops

Von Fuß

bis Kopf
und darüber hinaus
brüt ich mich aus

so kannst du sehen
wie viele ich bin
und ob es für dich noch macht Sinn

Copyfight

Vielleicht ist es schwer
nicht von jemand anderem abzuschreiben

Viel schwerer ist es jedoch
sich nicht ständig selbst zu kopieren

Vor- und Rückschau

Antwort auf eine oft gestellte Frage

Für wen schreibst du?

Während des Schreibens
ist es meine Zeile
ich schreibe für mich

Nach dem Schreiben
ist es eine Zeile
geschrieben für dich

Nachrede

Ich hätte sollen
Ich hätte wollen
Ich hätte dürfen
Ich hätte können
Ich hätte wollen sollen
Ich hätte dürfen wollen
Ich hätte wollen können
Ich hätte können sollen
Ich hätte können können
Ich hätte wollen können dürfen
Ich hätte wollen sollen wollen
Ich hätte dürfen können sollen
Ich hätte dürfen wollen können
Ich hätte wollen wollen wollen
Ich hätte dürfen sollen wollen
Ich hätte wollen können sollen
Ich hätte dürfen können sollen wollen
Ich hätte sürfen dollen wönnen kollen

Aber
er hat es auch nicht getan

Denkfallen

Nachdenken
einfallen
vorfallen

umdenken
auffallen

herfallen
wegdenken
zerfallen

Anfall

links denken
umfallen

gar nicht denken
rechts fallen
Beifall

verfallen

Zufall Zufall

überdenken
runterfallen
abfallen

Andenken
ausdenken
ausfallen

zurückdenken
wegfallen

vordenken
Verdacht
überfallen

zurückfallen

ganz zurück

Wien Wien nur du allein

Im Stadtpark
fiedelt der Johann
und sonst keiner

Wiener Blut
ist anders
als Afrikanerblut

Wer ein Mensch ist
und wer einer war
entscheidet das
Goldene Wiener Herz

Zu Omofuma
sagte es nein
Zu Seibane Wague
sagte es nein

Zu Schwarz
sagte es schon oft
endgültig nein

So wirst du nie
die Stadt meiner Träume sein

Anmerkung:
Marcus Omofuma starb am 1. Mai 1999 im Zuge einer
Abschiebung nach Nigeria. Er wurde von drei Fremden-
polizisten am Sessel des Flugzeugs „fixiert" und gekne-
belt. Er erstickte.
Seibane Wague starb am 15. Juli 2003 nach einem Poli-
zei- und „Rettungs"-Einsatz im Afrika-Kulturdorf im
Stadtpark. Die für ihn dort errichtete Gedenkstätte fiel
bereits am 22. Juli 2003 einem Brandanschlag zum Op-
fer.

Gesetz der Sicherheitspolitik

sicher
ganz sicher
ganz ganz sicher
ganz ganz ganz sicher
ganz ganz ganz ganz sicher
ganz ganz ganz ganz ganz sicher

wird Freiheit
exekutiert

Kranke Gesellschaft

Viele
arbeiten sich krank
und erholen sich nicht mehr davon

Sehr viele
haben keine Arbeit
werden davon krank
und erholen sich nicht mehr davon

Ein paar wenige
lassen das Geld arbeiten
machen alle krank
und erholen sich sehr schnell davon

Haben sie geglaubt

Sprachen und Stimmen

Sie sprechen von Sicherheit
mit dem Finger am Abzug

Sie sprechen von Freiheit
und meinen den Markt

Sie sprechen von Gleichheit
und stehen ganz oben

Sie sprechen von Recht
und genießen die Macht

Sie sprechen von Wahrheit
die Lüge ist alt

Sie wollen unsere Stimme
sie brauchen unsere Stimme

Wir sprechen von Glück
denn sie können uns mal

Nach dem Besuch von Auschwitz
oder
Jeden Morgen beim Bürsten meiner Haare

Jeden Morgen
beim Bürsten meiner Haare
sehe ich sie vor mir

Die vielen Haare
geflochtene und offene
sieben Tonnen
alle Zyklon B-grau
Und wenn ich die Haare sehe
fallen mir auch die Schuhe wieder ein
unheimliche Berge von Schuhen
die meisten in Frauen- oder Kindergröße
Und wenn ich die Haare und Schuhe sehe
fallen mir auch die Koffer wieder ein
unzählige übereinandergeworfene Koffer
alle schön beschriftet
Vor allem jenen mit der Aufschrift
1020 Wien, Praterstraße 22
sehe ich vor mir
Ich habe jahrelang
in der Praterstraße 30 gewohnt

Dann putze ich mir die Zähne

Die Chance des Wolfs

Vernichten wollten sie ihn
unsichtbar machen
ihm das Maul stopfen
als sie ihn nicht mehr brauchten

Aber immer noch
liegt sein Stahlbetonfell da
hängen seine Eingeweide
im polnischen Mischwald

Dieser Wolf
heult vielleicht wirklich noch
tausend Jahre

Operation Spring und Seibane Wague
oder
Im Namen der Republik

Jeder Angeklagte hat das Recht auf einen Verteidiger
Auch du bekommst einen Verteidiger
aber er kann dich nicht verteidigen
denn es steht ja fest:
Du hast
zu einer unbekannten Zeit
an einem unbekannten Ort
an unbekannte Personen
eine unbekannte Menge Drogen verkauft

Du musst für viele Jahre ins Gefängnis
und du
und du auch
über 100-mal du
über 1000 Jahre Haft
Unbedingt
Im Namen der Republik
Du bist schwarz

Du wurdest zufällig gefilmt
wie du gemeinsam mit 5 anderen bestimmten Kollegen
auf einen bestimmten durch Spritzen ruhig gestellten
    am Boden liegenden gefesselten wehrlosen Mann
    draufgestiegen bist
bis dieser erstickt ist
Aber du konntest ja aufgrund deiner mangelnden
    Ausbildung nicht wissen
dass ein Mensch unter solchen Umständen sterben kann

Du bist frei
Im Namen der Republik
Du bist Polizist

Du bist jener der sechs Beamten
der ganz bestimmt genau auf dem Brustkorb des am
    Boden Fixierten gestanden ist

Du bekommst 7 Monate
Bedingt
Im Namen der Republik
Du bist Polizist
Im Namen der Republik
Und der der erstickt ist
war schwarz

Gefühle für dich

hattest du einmal
jetzt hast du

eine Diagnose

Der folgende Text wird u.a. unterstützt von:

Abbott
Astra Zeneca
Bayer
Boehringer
Eli-Lilly
GlaxoSmithKline
Janssen-Cilag
Lundbeck
Novartis
Pfizer
Roche

Halluzination

Wer die Wahrnehmungsspielregeln
falsch nimmt
dem wird gegeben werden

Deine Schreie

Für Natascha K., Elisabeth F. und die vielen andern
  Namenlosen

Deine Schreie
auch wenn sie stumm geblieben
du hast sie nicht umsonst geschrien

Deine Angst
auch wenn sie dir nichts half
du hast sie nicht umsonst durchlebt

Deine Verzweiflung
auch wenn sie nichts vermochte im Moment
du hast sie nicht umsonst gefühlt

Deine Wut
auch wenn sie nichts macht ungeschehen
sie hat dich nicht umsonst gepackt

Deine Tränen
auch wenn sie längst getrocknet
du hast sie nicht umsonst geweint

Dein Kampf
auch wenn er sinnlos scheint
du hast ihn nicht umsonst gekämpft

Es sind auch meine Schreie
meine Angst
es ist auch meine Verzweiflung
meine Wut
es sind auch meine Tränen

Es ist auch unser Kampf

Du bist der Engel
der uns hilft
uns selbst zu hören
zu spüren
zu erleben

Du bist der Engel
der uns erkennen lässt

Es ist auch unser Kampf

und wir sind deine Flügel

Diagnose: Krebs

Plötzlich der Tod
ganz nah
und doch so unnahbar
Eine Hexe
mit schwarzer Hand
die dich zu sich winkt
Keine einladende Geste
eher wirkt es
wie das Locken
in eine Falle
in einen Hinterhalt
Die Hexe grinst so eigenartig

Du drehst dich weg
von deiner neuen Bekannten
schließt die Augen
atmest tief durch

Auf deiner inneren Leinwand
siehst du sie stehen
die Hexe
Du wartest so lange
bis die Gestalt verblasst
sie ist zäh

Endlich traust du dich doch
die Augen wieder aufzumachen
und da steht sie erneut vor dir
die knochige Gestalt
Du erschrickst
denn du merkst
sie hat dein Gesicht

Sie steht da
vor dir
als wäre sie nie woanders gestanden
Plötzlich
der Tod ganz nah

Die Hexe grinst schon wieder
Vielleicht kannst du ihr
einmal die Hand reichen
Vielleicht kannst du dir
einmal die Hand reichen

Trotzdem grün

Steinbehangenes Feld –
Welche Kraft haben die Gräser
die ihre Botschaft trotzdem in sattem Grün versenden?

Zwischentagemensch –
Wann ruhst du
und mit welcher Decke
gewährst du dir Schutz?

Zwischennächtemensch –
Kennen deine Augen
die zärtliche Dunkelheit des Traumkarussells?

Zerpflückter Mund –
Wie muss mein Kuss sein
um dich aufzuforsten?

Hast du vergessen oder bist du bereit?

Steinbehangenes Feld –
Welche Kraft haben die Gräser
die ihre Botschaft trotzdem in sattem Grün versenden?

Die Seherin

Hast dir in die Augen gesehen
die das Herz nach außen stülpen
hast wieder gesprochen in seinem Takt

Hast alles hinausgekehrt
was tief in dir versperrt
hast ein Licht in dich hineingefegt

Noch meinte es die Glut gut

Wissend um die Macht des Feuers
hast du dir in die Augen gesehen
und gesehen
dass es gilt dich und sie zu bewahren
euch alle
vor einem weiteren Verlust

Heut ist die Chance für eine durchwachte Nacht

Dort steht der Kelch
trink einen Schluck Finsternis
oder zwei
Trink fürs Erinnern
trink fürs Vergessen
aber geh aus dem Licht
Heut ist die Chance für eine durchwachte Nacht

Wart nicht zu lang
noch ist der Kelch griffbereit
Trink für die Lebenden
trink für die Toten
aber bleib nicht im Licht
Heut ist die Chance für eine durchwachte Nacht

Lass dich vom Schatten nicht irreführen
noch ist der Kelch nicht leer
Trink ihn aus
trink ihn ganz aus
Denn heut ist die Chance für eine durchwachte Nacht

Wegschauen und Show

Verselbständigung

Das Gedicht
das ich nie schreiben sollte
stand im Gesicht
das ich verschweigen wollte

Wenn

Wenn
ab und zu
Gründe für
Abgründe
tun auf sich
mach zu sie
mit Grund ich

Wie ein Vogel

ohne Flügel
hockst zerschmettert
du im Eck
nimmst nichts wahr
nimmst nichts falsch
nimmst gar nicht
und gegeben hast
zu viel du

Sie

Sie knöpfte
die Erde zu
nagelte
den Schnee an die Wand
rahmte
die Meere ein
kämmte
die Wüste glatt

und wunderte sich
dass sie keine Luft bekam

Ein Vorschlag

Du kannst mich
nicht mehr sehen?

Ich mich auch nicht

Schauen wir
gemeinsam weg?

Zeit der Toten

Seit einiger Zeit
töte ich
die Zeit
zu jeder Zeit
schlage ich Zeit tot
und noch eine
und wieder eine
müder gleichgültiger
die Schläge
wartend auf die Zeit
die da mich tötet

Sich selbst regulierendes System

Wir sind so frei es ist uns alles einerlei
Jeder kann tun und lassen was er will
Uns ist das scheißegal wir steh'n nun mal auf individual

Bis einem wird das Spiel zu viel
Er nimmt die Puff'n in die Hand
tut's nicht für Volk und Vaterland
und dennoch nicht mit mehr Verstand
und alle fall'n durch seine Hand

Wir sind vereint gemeinsam haben wir geweint
Gemeinsam auch gehasst bis es verblasst
unser individual schussendlich sind wir ganz sozial

I am o.k.

I am o.k.
I am o.k.
I am o.k.
I am o.k.
am o.k.
AMOK!

Getätigte Worte

Früher
haben sie immer nur getan
was ihnen befohlen wurde

Jetzt
sind Worte
keine Taten für sie

Immer sind sie die Opfer
sie sind und bleiben eben
echte Österreicher

Haie und Schweine

Das Schwein
das Schwein
das Schwein dort
Der Hai
der Hai
der Hai da
Die Sau die
der Hai der

Illegal in Österreich

Für Carl Sandburg

Stell dir vor
es ist Frieden
und du bist nicht dabei

12. Oktober 2012

Als ich erfuhr
dass ich den Friedensnobelpreis
bekommen hatte –
*„Der Friedensnobelpreis 2012 geht an die Europäische
Union und damit irgendwie auch an uns alle"*
so die Nachrichtensprecher stündlich und unisono –
wollte ich sofort wissen
wie hoch er denn dotiert ist
damit ich mit dem Geld
überall einsetzbare Battle Groups
zur notwendigen Verteidigung
des Norwegischen Nobelpreiskomitees
ausrüsten kann

Was haben wir

Was haben wir dir alles angetan
da du angeblich unser Untertan

Die Lilie in uns vergessen wie das Meer und den Wind
keine Antwort mehr auf die Frage wessen Kinder wir
    sind

Die reine Vernunft sie hat alles beschmutzt
hat Fisch Vogel Wälder und Acker benutzt

Im heiligen Schrein wütet er der Verstand
unangreifbar scheint sie die Ratiowand

Der Diener hat sich selbst an die Spitze gestellt
hat jede andere Autorität in uns verbellt

Herzdumm regiert er nun die Welt
die unter ihm zusammenfällt

Statt ein Hohelied zu singen auf den Regen das Feuer
    den Klee
bejubelt man BIP TTIP und andren neoliberalen Schmäh

Wir die wir die Wurzeln spüren schließen wir uns
    zusammen
überlassen wir nicht alles den Wachstumswahnflammen

Wenn schon dieses andauernde Streben
dann in Hochachtung vor jedem Leben

Es ist unglaublich – aber kehrten wir um
die Erde würde uns noch immer alles vergeben

2.
LIEBEN

Um- und Abwege

Verkehrssünder

Ich schaue dich an
wie eine Stopptafel
Aber du fährst bei Rot in die Kreuzung
und kommst gegen die Einbahn
Jetzt bist du auch noch zu schnell
Es reicht:
Führerscheinentzug

Umfrage

Ich will
dass du dich
in mich eindichtest
in mich einseelst

Von Umkörperungen
ohne Einherzung
habe ich genug

Ich will Ganzung
Allung

Spürst du
in diese Umsprüche
ein

oder bist du schon wieder
entliebt?

Eifersucht

Einer sucht: suchte rein?
Ei versucht – Eifer sucht.
Sucht Reife; reif suchte.
Ei, er sucht F!
Reifes Tuch – Suche reift.
F sucht Eier; sucht Feier.
Sucht einer: reine Sucht.
Mein Herz

Mein Herz

Mein Herz
so unverwandt
dir zugewandt
die Finsternis erblickt
sieht des Unglücks
Unermesslichkeit
da meint
in Reichweite
sein Glück

Szenario

Wenn die Welt untergeht
mit wem würdest du dann
sterben wollen?

Mit dir natürlich
deine Hand haltend

Ich bin gerührt

Und warum
frage ich
willst du dann nicht
mit mir leben?

Die Kilometermacher

Wirf mir etwas
  vor
Ich schlag gleich
  zurück

Und wir sind wieder
ein Stück weiter
  auseinander

Hohes Abstraktionsniveau

Ich streite
Ich sehe mich streiten
Ich sehe mich wie ich mich streiten sehe
Ich sehe mich wie ich mich sehe wie ich mich streiten
  sehe
Ich sehe mich wie ich mich sehe wie ich mich sehe wie
  ich mich streiten sehe
Ich sehe mich wie ich mich sehe wie ich mich sehe wie
  ich mich sehe wie ich mich streiten sehe
Ich höre mich weinen
Ich sehe mich sterben

Dialog

Mein Wort
ist scharf
wie eine Schneide
   sagt er
es trennt Welten

Mein Wort macht alles ganz groß
es bringt Welten zusammen
   sagt sie

Mein Wort
ist ein Messer
   sagt er

Mein Wort
ist eine Lupe
   sagt sie
   und
Ich werde dein Messer
unter die Lupe nehmen

Das solltest du tun
bevor ich deine Lupe
mit meinem Messer zerschneide
   sagt er

Und wer erzählt dann
unsere Geschichte
   fragt sie

Wenn überhaupt
   sagt eine dritte Stimme
dann nur jemand
mit Messer *und* Lupe

Lyreley

Ich glaube die Wellen verschlingen
noch immer Schiffer und Kahn
doch was hat – ohne zu singen –
die Fischer da getan?

Ich weiß jetzt was soll es bedeuten

Ich weiß jetzt was soll es bedeuten
dass ich so traurig bin
Ich dich du mich alle Zeiten
das geht mir nicht aus dem Sinn

Wäre denn unsere Liebe
groß genug für das
was sie mit uns beiden triebe
so ohne jedes Maß?

Jungfrau bin ich für dich nicht
bin dennoch wunderbar
Auch mein Kopf glänzt ganz schön im Licht
freilich hat er dunkles Haar

Und egal ob du ihn kennst den Schluss
von jenem Herrn Heine
ich brauche deinen letzten Kuss
bevor ich um dich weine

Ich du er und sie
Natürlich auch für E.F.

Vielleicht ist es Unsinn
Kann sein dass es Unglück bringt
und nichts ist als Schmerz
Vielleicht ist es aussichtslos
Kann sein dass es lächerlich ist
und leichtsinnig
Vielleicht ist es unmöglich
Kann sein dass dir dieses Gedicht bekannt vorkommt
Vielleicht hat er es geschrieben
Kann sein dass ich es verhunzt hab
Alles kann sein
Aber sie
hat das letzte Wort

Ist es möglich

Wie ist es möglich
dass das Meer in Sekundenschnelle zuwüstet
und das Grün der Pflanzen mich nicht mehr durchfreut

Wie ist es möglich
dass ich das Wasser durchschaue
und die Fische mir nicht mehr leuchten dabei

Wie ist es möglich
dass sich die Wolken in mein Zimmer hineinschlafen
und mir alles wegträumen

Wie ist es möglich
dass sich meine Leichtfüßigkeit
indirekt proportional zu deiner Entfernung verhält

Mann & Frau

Im Hotel der Stunden
haben wir uns geliebt
Im Hotel der Stunden
haben wir uns vereint
Dann fuhren wir gemeinsam
mit dem Taxi
Zuerst du zu deiner Frau
Aber du warst mein Mann
und ich war deine Frau
Das wusste sogar der Taxifahrer
„Und wo darf ich nun die Gattin absetzen?"
Dann ich zu meinem Mann

Vergeben

Ich betrüge dich
Ich fühle mich schuldig
Ich versuche
mir zu vergeben
(Es gelingt mir nur schlecht)
Dann betrüge ich dich
in Gedanken
und fühle mich schuldig
Ich versuche
mir auch das zu vergeben
denn ich weiß
unsere Realität ist ein Traum
und Träume sind genauso Realität
(Es gelingt mir nicht viel besser)
Ich weiß auch
dass ich dich wieder betrügen werde
in irgendeinem Traum
Und weil ich das jetzt schon weiß
fühle ich mich jetzt schon schuldig
und ich würde mir das gerne jetzt schon vergeben
Aber allein diesen Gedanken
finde ich so arg
dass ich mich total schuldig fühle
und ich würde mir diese Schuld doch so gerne vergeben
Ich bitte mich um Vergebung
aber ich komme einfach
mit dem Vergeben nicht nach

Hiiiielfe!

Ich kann sehr viel
wenn ich es wirklich will
aber ich weiß nicht
ob ich das alles wirklich wollen will
was ich können kann

10 Gebote für Liebhaberinnen und Liebhaber (und solche, die es noch werden wollen)

1. Wir dürfen uns nicht so oft treffen.
2. Wenn wir uns doch treffen, dürfen wir uns nicht ineinander verlieben.
3. Wenn wir uns doch verlieben, müssen wir vorsichtig sein.
4. Wenn wir nicht vorsichtig sind, dürfen wir keinen Sex miteinander haben.
5. Wenn wir doch Sex haben, darf es nur Sex sein, keine Liebe.
6. Wenn es doch Liebe ist, darf es unsere fixe Beziehung in keiner Weise gefährden.
7. Wenn es unsere fixe Beziehung doch gefährdet, dürfen wir uns nicht mehr treffen.
8. Wenn wir uns doch treffen, dürfen wir uns nicht mehr lieben.
9. Wenn wir uns doch lieben, dürfen wir nicht mehr miteinander schlafen.
10. Wenn wir solche Gebote aufstellen, dürfen wir uns über nichts wundern.

Von Störchen und Zufällen

Wir vögeln was das Zeug hält
und zeugen bis dem Vogel fällt
was aus den Klauen
Zufallen tut es dann
den Frauen

Katholisches A- und Omen

Ein Mann
eine Frau
gut
Amen
Zwei Mann
keine Frau
böses
Omen

Gescheiterte Anmache

Wers hat der hats
Wers braucht der brauchts
Wens hat den hats
Hats di
Brauchst mi
Schleich di

Angekommen

Als ich zu mir kam

Als ich zu mir kam
setzte sich das Glück an den Rand
und wartete ungeduldig

Als ich zu mir kam
wurde ich vom Wissen entwurzelt
dass jedes Schiff einmal leck ist
Wo doch der Hafen so vertraut
und nichts Verdächtiges beim Kontrollgang an Bord
    gewesen

Wieso musstest du sinken Mutterschiff?
Die Lippen gaben den Schrei nicht frei
als ich zu mir kam

Meerjungfrauen
Erfindungen der Männer
könnten mich auffangen

Dieser Trost half wenig
als ich zu mir kam
Hilflose Fee im Schneesturm
Leuchtfisch dessen Flossen Wüstensand erwartete

Als ich zu mir kam
war ich so allein
denn alle waren da
und keiner war den Weg mit mir gegangen

Vielleicht war ich auch gar nicht
wo alle mich anstarrten
und niemand meine mitgebrachte Landkarte verstand

Dabei war doch alles so deutlich auf ihr zu sehen
jede auch noch so kleine Gasse in die Trauer
jeder winzige Lach-Bach
(Dort habe ich verweilt hier geliebt)

Als ich zu mir kam
trugen mich Hände weg
von den verständnislosen Blicken
deren Besitzer meine Landkarte mit Füßen traten

Dummheit tötet manchmal
aber es waren meine Hände oder deine
die mich rechtzeitig weggetragen haben

Dabei hätte mir gar nichts passieren können
als ich zu mir kam
denn ich hatte keine verwundbare Stelle zu bieten

Und danach lecktest du meine aufbrechenden Wunden

Ich könnte

Ich könnte von der Sehnsucht reden
die steht in den Augen
aller Gefangenen

Vom Schmerz
der in den Mundwinkeln hockt
um dort zu zucken
immer wieder zum letzten Mal

Von der Angst könnt ich sprechen
ganz leise
denn es darf niemand hören
Nur der Tod
und der ist der grausamste aller Lauscher

denn er sagt nichts
und gibt dennoch die Antwort

Aber erzähl du mir
von der Liebe
und ich werde vergessen
für einen Moment

Darum

Weil Freiheit
ohne Liebe
keine Freiheit

und Liebe
ohne Freiheit
keine Liebe

und Leben
ohne Freiheit und Liebe
kein Leben

darum du

Was bleibt

Eine Leere
eine schwere
eine Leere
die allein bleibt
ist was bleibt
wenn du gehst

Eine Seele
keine leichte
eine Seele
die traurig ist
trauriger über diese Leere
die allein bleibt
wenn du gehst
als darüber
dass du gegangen bist

ist was bleibt
wenn du wiederkommst

Wenn ich dich morgen nicht seh

Wenn ich dich morgen nicht seh
dreht sich die Erde zwar noch
aber sie dreht sich ein bisschen langsamer als sonst

Wenn ich dich morgen nicht seh
steht die Sonne trotzdem am Himmel
aber sie strahlt nicht mit ihrer ganzen Kraft

Wenn ich dich morgen nicht seh
gibt es die Milchstraße zwar
aber ihr hellster Stern hört auf zu leuchten

Wenn ich dich morgen nicht seh
nimmt der Mond dennoch zu
aber er weint sich vielleicht eckig

Ob du das alles verantworten kannst
wenn ich dich morgen nicht seh?

Meine Gedanken

Meine Gedanken haben einen Namen
meine Gedanken haben ein Gesicht
meine Gedanken haben Augen
dunkle Augen die schauen mich an
Meine Gedanken haben Hände
meine Gedanken haben Finger
meine Gedanken haben eine Stimme
die zärtlich meinen Namen ruft
Meine Gedanken haben einen Mund
meine Gedanken küssen meinen Schoß
meine Gedanken versinken verlieren sich in mir
und ich verlier mich in meinen Gedanken

Standfest

Wenn er
dir nicht steht
und du deshalb
nicht auf ihn stehst
stehst du wohl
nicht ganz zu dir

und weil du
nicht ganz
zu ihm stehst
steht es
nicht ganz
gut um dich

Aber ich
steh auf dich
und auf ihn
(auch wenn er mal
nicht steht)
ich steh
ganz zu dir
und nicht drüber

und deshalb
steht es vielleicht doch
nicht ganz so schlecht
um dich und ihn

Ganz einfach

Wär ich aus Heu
ich schreckte mich auf dich
auf einer Welle
sittete ich zu dir
hamsterte mit Gold auf dich los
und die Sonne blumte nur für uns
wir becherten uns nieder
und ich schierlingte mich um dich
Aber so zwitschere ich's dir einfach zu:
Vögelst mit mir?

Männer meine

Mann der du fällst vom Himmel
Gepeinigt werde dein Same
Deine Lust komme
Mein Wille geschehe
wie in diesem Bett
so auch in jenem
Unser tägliches Spiel kennt kein Heute
Und ich vergebe dir deine Ungeduld
weil auch ihr seid nicht immer an allem schuld
Und ich führe euch weiter in Versuchung
aber erlöse nicht alle – bleib vielen die Böse
Denn mein ist der Bauch und die Kraft aus der
  Weiblichkeit
für alle Zeit
O men!

Körper du

Körper du Haut der Seele
wie zufällig drübergezogen
stehst du im Vordergrund
und scheinst wichtig
wichtiger oft als du bist

Körper du Haut der Seele
schnürst ein bist zu eng
oder zu dick
lässt nichts durch
bist vielleicht auch manchmal zu dünn

Körper du Haut der Seele
sprichst Bände
mit mir und mit andern
hast Fenster zur Welt
die brauchen den Smalltalk nicht mehr

Körper du Haut der Seele
deine Fenster haben jemand entdeckt
jemand mit dem du verschmelzen kannst
Körper du Haut der Seele
bis dir die Enthäutung gelingt

So oft

So oft gesagt
die drei Worte
in dieser Nacht
als müssten sie reichen
für ein ganzes restliches Leben

Wo wir

Wo wir uns liebten
wachsen Bäume
mit Blättern
der Erinnerung

Sie haucht der Wind
dem Herbst und Winter zu

Und unbekleidet stehen die Wälder
die wir durchstreifen
wie beim ersten Mal

Berggestärkt

Berggestärkt lehn ich mich zum Meer
meine Augen sehnen dich sehr
Lichtbegabt will ich dich tragen
traumgetränkt schwinden die Fragen
Will vollmundig herzprall dich küssen
und wellen das uralte Wissen

Ich du Mond

Unverfälscht
schenkst du dein Licht
es ist dein Meer
das mit mir spricht

Spricht von Unendlichkeit
du Mond
die niemand
auch nicht mich verschont

Rauscht Well um Welle
tausendfach
und ich – du Mond –
steh da und lach

Sprachentwicklung

Wir treffen uns
echt
Wir küssen uns
echt
Ja wir vögeln auch
echt
Offline-Beziehung
nennt sich das
Ist was echt
Revolutionäres

Reflexionen auf Brač

Ich überlebte das Kindbettfieber meiner Mutter
als Sammelmilchkind
In der Volksschule prügelten sich die Buben um mich
Heute weinen die Männer
Vor allem du mein Lebensmensch
und ich bin immer schuldig
Dabei wollte ich sie doch nur leben
Liebe lebbares Wunder
Viele haben ihr Glück bei mir gesucht
einige ihr Unglück gefunden
Ich habe mir gesagt dass ich unschuldig bin
oft glaube ich es
Manches ist Wissen
Ich habe mit den Augen der Göttin geschaut
allein dafür hat sich schon alles gelohnt
Liebe lebbares Wunder
Gestern hab ich einen Todesschreck gekriegt
als du in vollem Lauf gestolpert und kopfüber auf die
    Felsen gefallen bist
Meine Erste Hilfe war gut
Ich bin eine coole Nuss
sagst du immer
wenn's wirklich drauf ankommt

Zum Glück ist der Unfall glimpflich ausgegangen
Coole Nuss sagst du
obwohl du doch weißt
dass ich ein Feigenbaum bin
einer wie dieser hier
der seine schützenden Finger
über unseren VW-Bus hält
Feigenbaum
Junikind
Ich passe nicht in das Land aus dem ich komme
Wir haben gesehen wie sie nur den Feigenbaum
immer wieder verpflanzen müssen
im Baumkreis
Er gedeiht nicht
in Österreich
Ich passe auch nicht in mein Geburtsland
ich passe nirgendwohin
Vielleicht ist dieses Nirgendwo auch überall
das gilt es herauszufinden
Ab und zu auch mit dir *dušo moja*
meine Seele
Habe ich gestern auf Kroatisch gelernt

Abschied

Gebettet

in die Haltlosigkeit unserer Träume
haben wir uns
auseinandergeherzt

Ich wusste nicht

dass ein Mensch
so viele Tränen
haben kann

und wo sie
alle gewesen waren
vor dem Ausbruch

Das Herz

hüpft
schmerzt
blutet
zerreißt fast
behält dich ganz tief in sich
schlägt und schlägt
und hüpft wieder
und schmerzt
nicht so lang
blutet
ein bisschen
rappelt sich wieder auf
und schlägt und schlägt
sich tot

Ich will

Ich will
ganz zu dir zurück

und sei es auch nur
für die Zeit eines Abschieds

Allein

Die Luft steht da
von sich selbst umhüllt
Die Stille
hat alle Laute gefangen
Das Gesicht im Spiegel
blickt an mir vorbei
ins Dunkel
auf die Grenze der Kälte
hinter der es nicht warm ist

An meine größte Liebe

Du hast den Anker
auf den Grund meiner Seele geworfen
und ich habe mein Lebenslied
auch mit Tönen von dir komponiert
In meinem Innersten hast du geschrieben
und geblättert
Aber auch wenn du dich tief in mir verewigt hast
so ist doch alles vergangen
Kein Grund für das Krähen des Hahns
als Zeichen eines neuen Tages
keine Hilfe mehr am Abend
wenn die Farben vergehen
und der Schlaf mich nicht finden kann
Zwar noch Zufluchtsort in so mancher Fantasie
von der Sonne bestaunt
und auch bei Sternenlicht
aber als Gestalter meiner Träume
vermagst du mich nicht zu retten

Es ist Vergangenheit
weil es keine Zukunft hat
und nicht
weil es nicht ewig währt

Jeder Schritt

Jeder Schritt
kostet mich ein Leben

ein Leben
das ich geliebt habe

ein Leben
von dem ich geträumt habe

ein Leben
das ich gelebt habe

ein Leben
das mich überlebt hat

Jeder Schritt
kostet mich ein Leben

ein Leben
das mich getötet hat

Hartes Training

Ich freue mich schon auf den Tag
an dem ich stark genug sein werde
mich von dir zu trennen
Das erfordert
hartes Training
doch ich komme gut voran
Ich weine jetzt schon
lieber allein

Mein letztes Geschenk

Es ist Kälte
Die Eisblumen vermehren sich wie wild
Ganz innen haben die ersten zu wachsen begonnen
Bis zu den Fingerspitzen und Zehennägeln
können sie wuchern
aber dann wird kein Platz mehr sein
in diesem Garten

Wenn du kommst
brauchst du das üppige Gestrüpp
nicht zu gießen
Siehst du denn noch immer nicht:
Es sind Eisblumen
sehr dankbare Pflanzen

Steinzeit

Wie Steine
fallen sie
aus meinem Mund
werden zu Felsbrocken
in deren Schatten ich friere
Doch nicht nur ich
auch du bewegst dich
im Dunkel der Wand
weißt es bloß noch nicht
Wie solltest du
nach so vielen überstandenen Jahren
auch ahnen
dass plötzlich Lügen fallen
aus meinem Mund
wie Steine

Mit meinen Tränen

habe ich eine Pflanze gegossen
die viel größer und schöner
geworden ist

als der Baum
den du mir
nicht schenken wolltest

Sagenhafter Verdacht

Ich sage zu dir
ich habe dir nichts mehr zu sagen
und meine damit
ich hatte dir noch nie
so viel zu sagen

Ich lieg da

Ich lieg da
in Gedanken verloren
Haare am
Kopfpolster angefroren
Der Mund er ist
ganz seltsam verbogen
von der Frage
Wer hat da gelogen?
Die Arme die Beine
alles ist Schein
Du ja nur du könntest
Rettung mir sein

Als

Als du zu mir kamst
vor deiner Arbeit
oder auch nachher
war ich nur für dich da
Und weil wir die Stunden nicht zählten
liebten wir uns jahrhundertelang
Als ich dich verließ
behielt ich Tränen
aus einem Jahrtausend
Ich sparte sie auf
für bessere Zeiten

Trennungsversuch Nummer 3

Solange es immer noch du bist
der mir einfällt
wenn ich betrunken bin
der jetzt sofort bei der Tür reinkommen soll
und mich umarmen soll
mich küssen soll
mich lieben soll
solange es immer noch du bist
kann ich eh nur weitersaufen

In und Out

Juchuu
ich bin in
ich habe ein Tattoo
ein Ganzkörpertattoo
von Kopf bis Fuß
ein Tattoo
Du bist mein Tattoo
du mein Tattoo du

Zum Glück
du Tattoo du
bist du ein temporäres Tattoo
und keine fixe Tätowierung

denn schon wieder out
bist du mein Tattoo

Du sagst du liebst mich

Du sagst du liebst mich
doch du hast keine Zeit

Wenn du dann da bist
bin ich zu allem bereit

Und ich spüre genau
wie sehr du mich liebst
und dass du mir alles
in dem Moment gibst

Doch dann gehst du fort
nimmst die Liebe mit dir
lässt mich ganz allein
in unsrem Jetzt und Hier

Es scheint dass jene Welt
nur mir gibt Geleit
denn ich will dich treffen
doch du hast kaum Zeit

Schade weil du machst
es uns wirklich sehr schwer

Wenn du dann da bist
ich bin's vielleicht nimmermehr

Abschied

Dich noch einmal halten
ganz fest halten
wenn du kommst
und bei mir bist
ganz bei mir bist
und trotzdem spüren
dass es ein Abschied ist

Mit dir da liegen
den Kopf an deiner Schulter
so vertraut
und trotzdem spüren
dass es ein Abschied ist

Spüren wie sehr du mich liebst und brauchst
und wie sehr ich dich liebe und brauche
und trotzdem spüren
dass es ein Abschied ist

dass es keinen gangbaren Weg gibt
für unsere Liebe

Über deine Haut streichen
dein Gesicht betrachten
in dein ruhiges Atmen eingehüllt sein
und trotzdem spüren
dass es ein Abschied ist

Vielleicht ist das der schönste Abschied
den es gibt
aber es ist ein Abschied
und ich bin traurig über all die Tränen
die ich nicht mehr mit dir weinen kann

Als du mich tötetest

schaute ich zu
Ich wohnte
meiner eigenen Exekution bei
Sah
wie ich erfror
wie ich ganz Eisblock wurde
Und als dein Werk vollendet war
gab ich mir einen Stoß
Ich zerfiel in tausend Scherben
Tausendfach spiegelte sich dein Gesicht
Viele Augen
blickten mich einen Augenblick lang an
bevor das Eis schmolz
und ich in Bächen heimwärts rann

Mein Palast

Fast hättest du ihn zerstört
meinen Palast
Nicht mit Hinterlist und nicht mit Bomben
nicht aus Übermut und schon gar nicht aus Bosheit
Nein, mit deiner Fast-Liebe hättest du ihn fast zerstört

Sein kräftiges Orange hat er verloren
seine typische leuchtende Farbe
In seine immer dicker werdenden Wände
hast du ihm hässliche Scheiben eingesetzt
überall
innen und außen

Ich habe dein Werken und Wirken nicht verhindert
Ja, ich habe zu wenig aufgepasst auf meinen Palast
Es muss so gewesen sein
obwohl er doch mein einziger ist
mein Heiligtum
In ihm steckt meine ganze Kraft
Und du hättest ihn fast zerstört
Ich habe viel gefeiert in ihm
vor allem mit dir
Und du
hättest ihn fast zerstört
Nie bist du bis zum Ende geblieben
Fast hättest du ihn ganz zerstört
Nicht mit Absicht
es wäre dir einfach passiert

Das weiß ich jetzt und nehme mich in Acht
Zu keiner Feier wirst du mehr geladen
nie mehr darfst du ihn betreten
Dieses Verbot zu exekutieren
fällt mir schwer
denn – und das weißt du genauso gut wie ich –

er hätte auch ein Palast
deines Kindes
sein können

Volltontrunken

Volltontrunken
dem Abend eine Widmung in die Stunden ritzen
sich lossagen von den alten Tönen
Abschied nehmen
und geben was kommt

Ziellos in die Nacht hineinfliegen
Nester bauen
Ohren spitzen

Altersstark dem neuen Rhythmus frönen
Maßstäbe ablegen
und staunen über ihren schnellen Verlust

Der pulsierende Kopf trägt die Füße im Flug

Volltontrunken
dem Abend eine Widmung in die Stunden ritzen
sich lossagen von den alten Tönen
Abschied geben
und nehmen was kommt

Lied in mir

Ich hatte zu lang mit dir gelebt
musste raus aus der Vergangenheit
mein Gefieder war schon ganz verklebt
und die Gegenwart war an der Zeit

Glaubte schon ich hätt' den Ton verloren
der da tief im Grunde in mir klingt
und ich stünde vor verschloss'nen Toren
und von Hindernissen ganz umringt

Doch plötzlich kam ein Lied aus mir
zuerst noch wie aus weiter Ferne
und auf ging meine Herzenstür
ich spürte überall nur Wärme

Ich sah die Welt mit neuen Augen
meine Flügel dachten nur ans Fliegen
wollt' Luft in meine Lungen saugen
etwas in mir rief: „Bleib ja nicht liegen!"

So erhob ich mich hoch in die Luft
das Gefieder bunt im Sonnenschein
eingehüllt in wunderbaren Duft
und enormen Glanz von neuem Sein

Und so zieh ich meine Kreise
dieses Lied in mir ist nun ganz laut
bin noch immer auf der Reise
und der Gegenwart voll anvertraut

Manchmal denk ich noch an dich zurück
an mein verklebtes Federkleid
da bereu' ich mit dir nicht ein Stück
doch jetzt ist eine andre Zeit!

Traum und Nacht

Endlich einander berühren
ich kenne dich kaum
mich wieder richtig und ganz spüren
nicht nur im Traum

Wir klettern ineinander hinein
genießen unsere Lust
wollen mal bei uns selbst mal beim anderen sein
jedenfalls weit weg vom Frust

Am Morgen fragst du nach meinem Namen
ich nenn ihn schüchtern wie ein Kind
spüre die Nacht schon erlahmen
obwohl wir noch nah beieinander sind

Die Frage ob ich deine Nummer will
versteckt das Auseinanderdriften zwar gut
doch in mir ist es sofort totenstill
und ich bin instinktiv auf der Hut

Ich sehe diese Nacht schon verblassen
sie spürt sich bereits an wie ein Traum
ich befinde mich in völlig fremden Gassen
und auch dich kenne ich kaum

Ich schaue dich an – einen fremden Mann
beginne mich wie eine Schlange zu häuten
du sagst mir gerade deine Nummer an
und ich lass es auch brav kurz bei dir läuten

Wir müssen uns nicht länger quälen
finde ich und verabschiede mich
keiner wird je die Nummer des andern wählen
jeder verstaut den Traum schon für sich

Ich gehe drehe ich mich nicht nach dir um
habe nie auf Sand gebaut
die Nacht ist fast schon herum
doch noch spür ich Küsse auf meiner Haut

Sein

Und beizeiten

Untergehen
wie die Sonne
würdevoll
in ganzer Pracht
und beizeiten
wiederkommen
wie sie
wärmend
mit neuer Kraft

Sich ausbreiten
wie der Ozean
unendlich
von nichts und niemand zu bremsen
und beizeiten
Rückzug halten
wie er
den Sand seine Geschichte erzählen lassen

Stürmisch sein
wie der Wind
kämpferisch
der Richtung ihren Namen geben
und beizeiten
ganz still sein
und wie er
den Atem anhalten

Aufbrechen
wie die Erde
gewaltig
die eignen Grenzen ziehen
und beizeiten
Bäume in den Himmel heben
wie sie
und Blumen zum Leuchten bringen

Voll sein
wie der Mond
anziehend
greifbar
und beizeiten
verschwunden sein
wie er
und doch ganz da

Du

Du ohne Anfang
und ohne Ende
du wäschst den Stein aus
und sprichst Bände

Du vom Himmel
und aus der Erde
was du nährst sagt:
„Ja, ich werde!"

Du ohne Form
und in jeder zu Haus
gehst beizeiten
im Schneegewand aus

Du im Luftschloss
baust Burgen aus Sand
spielst Gastgeber
im Wellenland

Du verschenkst dich
und gehst nie verloren
bist immer wieder
neu geboren

Zu den Rosen zieht es mich hin

Zu den Rosen zieht es mich hin
Ob feste Knospe oder geöffnetes Rot
den Blättern ist es gleich
sie sind vom eignen Duft berauscht
Und meine Sehnsucht tanzt nicht aus der Reihe

Dass nur der Weg über das Meer führt!

Nur dort nehmen Algen die Zeit in Empfang
und die Stunden können sich verlieren im Sand

Nur so taut der Schnee

Das Eis zerbricht und das Verwirrspiel seiner Blumen
gibt sein Geheimnis preis
In Bächen rinnt es von den Scheiben

Der Weg ist noch weit
und die Rosen warten nicht zu lang

Doch hab ich gute Chancen
Noch treibt mich der Wind in die richtige Richtung
die Himmelskarte ist mir vertraut
Noch ziehen die Vogelscharen nach Süden

Nur Vertrauen!

Ich werde dort sein
bevor die Krater erloschen sind
und die Quellen versiegt
Das Rot wird mich wissend empfangen
und verschmelzen mit meinem Blut

Der Weg geht übers Meer

Sonne Mond und Sterne

Sonne Mond und Sterne
ich seh euch aus der Ferne

Hätt ich euch doch im Herzen drin
so wüsst ich endlich wer ich bin

Die Sonne leuchtete aus mir
ein Stern wär ich der blinkte hier

Ergäbe mich dem Mondenschein
wär eingehüllt in neues Sein

Nichts und alles hätt ich verlorn
ich wär im Augenblick geborn

Sonne Mond und Sterne
wer sieht euch noch von Ferne

Den hätte ich im Herzen drin
und wüsst unendlich wer ich bin

Da will ich sein

Wo Minuten und Stunden
sind ungezählt
wo die Zeit ihre Einheit
hat selbst gewählt

wo jede und jeder
streift ab seinen Ring
und sich nicht unterscheidet
das eine vom anderen Ding

wo alles sich kleidet
um nackt da zu sein

wo du bin und ich bist
und nichts ist
zum Schein

da will ich sein

Ins Aug geblickt

dem Augenblick
blickt dein wahres Ich zurück

Weil wir uns lieben

töten wir

du mein Gestern
ich dein Morgen
und du mein Morgen
und ich dein Gestern

jetzt!

Mit Verlaub – Wir sind Sternenstaub

Komm zieh mit mir jetzt Bahnen in die Sterne
Herausgeworfen aus dem Sternenbild
ist in uns doch die unbehauste Wärme
die aller Kreaturen Sehnsucht stillt

Die Spinne weiß noch nichts von ihrem Spinnen
die Fäden überwuchern jedes Land
Der Falter kann ihr keine Nacht entrinnen
auch Weberknechte sind nicht bei Verstand

Wir könnten fliegen wie die Fledermäuse
in uns steckt Bergkristall und Ahornzweig
Doch dröhnt's so laut in unsrem Kopfgehäuse
dass wir für viele Formen sind zu feig

Vom Himmel fiel das Denken auf die Erde
es schuf sich eine Zivilisation
Und Jupiter befahl der Rasse: „Werde!"
in seinem Rotlichtviertel gar kein Hohn

Das Sternenrad es dreht sich ewig weiter
Wer wartet dass die Äcker sind bestellt
der mag vielleicht am Ende sein gescheiter
doch ich ich weiß vom Fixstern der erhellt

Komm zieh mit mir jetzt Bahnen in die Sterne
es scheint du kennst des Sternenrades Gang
Vertraun wir auf die unbehauste Wärme
wenn Sirius macht seinen letzten Fang

Gomera Flair

Blutrot
stürzen die Felsen ins Meer

Tiefblau
seine Antwort auf die Frage woher

Was ich bin

Was ich bin
und was ich werde
was in mir ist
und was die Erde
mit mir noch vorhat
in diesem Leben
das will ich geben
einfach geben

Nichts

Nichts heilsamer
als der Blick
aufs offene Meer

wo das Meer
im Horizont verschwimmt
und der Horizont
im Meer ertrinkt

Nichts heilsamer
als der offene Blick
aufs Meer

Mit Haut und Haar

Viele Götter wohnen in dir
Abgesandte der Sterne
sie bestimmen dein Jetzt und Hier
ob Kälte ist oder Wärme

Aber nicht so wie du das jetzt vielleicht siehst
als wär's egal was du tust oder lässt
Wenn du so vor deiner Verantwortung fliehst
hast du ihn nicht bestanden den Test
Dann hältst du zu starr an den Göttern fest

Denn Götter – das haben sie nun mal so an sich –
die mögen es nicht gehalten zu werden
die lieben dich sowieso an und für sich
sind deine steten Begleiter auf Erden

Wenn du mit ihnen ehrlich kommunizierst
mit jeder Pore und mit jedem Haar
wirklich fein mit deinem Körper reagierst
denn in deinem Körper wohnen sie ja

wirst du nicht einmal an deinem Leiden leiden
Freilich geht's nicht drum es zu vermeiden
doch du brauchst es nicht groß in dich einzuschreiben
Du lässt es Station sein auf deinem Weg – mehr nicht
Über das Dunkel führt immer ein Steg
und vorne brennt immer ein Licht

Die Götterexistenz nicht zu ignorieren
dich mit Haut und Haar dem Leben hinzugeben
ihre Sprache in der deinen zu spüren
all das lässt dich durch das Universum schweben

lässt dich auch deine Aufgabe erfüllen
für die du da bist – du ganz speziell
So kannst du andre in dein Glück einhüllen
und auch für sie wird es wieder hell

Diese Hingabe an das Leben
ist das Geheimnis des Seins
sie kann dich zu den Wundern heben
bis du bist mit allem eins

Biografie

Die Autorin

Dagmar Fischer, auch „Lyreley" genannt, wurde 1969 in Wien geboren, wo sie auch lebt. Sie studierte Rechtswissenschaften sowie Leibeserziehung und Geschichte, arbeitete als Lehrbeauftragte am Institut für Sportwissenschaften der Universität Wien und war viele Jahre AHS-Lehrerin.

Schreibt Lyrik und Kurzprosa. Mitglied der Grazer Autorinnen Autoren Versammlung (GAV) und des Österreichischen Schriftsteller/Innenverbandes (ÖSV/AWA).

Seit den 1990ern zahlreiche Lesungen und Performances, dabei oft Zusammenarbeit mit KünstlerInnen auch anderer Genres (wie etwa Musik und Tanz), z. B. bei „Tanzende Gedichte" (Theater des Augenblicks, Wien 1998), bei „Zieh ich Bahnen ... – eine Lyrikperformance" (Theater m.b.H., Wien 2003) oder bei „Lyreley" – einer auf ihrem gleichnamigen dritten Gedichtband (2005) basierenden Tanztheaterproduktion mit dem Schweizer Ensemble TangoPlus, die 2007 u.a. in Wien (Theater des Augenblicks) und Zürich (Theater Rigiblick) aufgeführt wurde. 2008-2013 auch viele Auftritte im Duo „Der Fisch zur blauen Linde" (mit der Akkordeonistin Heidelinde Gratzl).

Veröffentlichungen in Anthologien, Literaturzeitschriften und Onlinemagazinen, Publikation von fünf Gedichtbänden (die ersten vier sind vergriffen), zuletzt „Losgesagt" (2012), Lyrik der Gegenwart, Edition Art Science. Kürzlich erschien ihr erstes Hörbuch: „Lyreley – Poesie aus einem Vierteljahrhundert" (2015), gelesen von der Autorin, am Marimbaphon Stephan Brodsky, artdialogue.

www.dagmarfischer.at

Harald Pesata

A Mensch ...

Heitere Verse von Eugen Roth auf Wienerisch

170 Seiten, gebunden, Schutzumschlag
€ 19,80
978-3-902744-86-9

Mit „Ein Mensch …" wurde Eugen Roth 1935 über Nacht zu einem der meistgelesenen Lyriker im deutschsprachigen Raum. Harald Pesata hauchte in seiner lebendigen Übertragung Roths zeitlosem Werk Wiener Charme ein. Er schuf einen wahren Schatz in Wiener Mundart. Der vorliegende Band enthält Original und Übertragung.

Julia Lajta-Novak

Federwach das Vorwärts

Leichtathlyrik

84 Seiten, Klappenbroschur
€ 19,50
978-3-902975-18-8

Julia Lajta-Novak versprachlicht in ihrem Lyrikband die Leichtathletik. Als Stabhochspringerin gewährt sie so aus weiblicher Perspektive Einblicke in körperliche Herausforderungen und Bewegungsabläufe. Sie setzt sich mit Themen wie Doping und Sexismus auseinander, mit Triumph und Verletzung, Erschöpfung, unbändiger Freude und Frustration.

Einzelne Gedichte widmet sie bemerkenswerten Sportlerinnen, wie der Sprinterin Florence Griffith Joyner. Die Gedichte werden von Illustrationen begleitet, die die Dynamik der jeweiligen Sportart zum Ausdruck bringen.

Monika Vasik

Himmelhalb

Gedichte

157 Seiten, Klappenbroschur
€ 22,90
978-3-902975-22-5

Die Lise-Meitner-Preisträgerin Monika Vasik beschäftigt sich in ihrem neuen Werk mit dem Thema Natur. Sie tut dies mit der gleichen lyrischen Kompetenz wie in ihren Bänden „nah.auf.stellung" und „zwei.hautnah". Entstanden sind sanfte, warme Gedichte, die beim Lesen das Bild eines Sommermorgens in die Köpfe der LeserInnen zaubern.

Der Band ist mit 75 Schwarz-Weiß-Fotos von Johannes Ebner illustriert.